Bettine Reichelt

Das alles, was Maria sang, ist wörtlich wahr, ist Gottes Klang!

Der gereimte
Adventskalender

Bettine Reichelt

*D*as alles, was Maria sang, ist wörtlich wahr, ist Gottes *K*lang!

Der gereimte Adventskalender

benno

Meinen Patenkindern

Bibliografische Information der Deutschen Nationalbibliothek
Die Deutsche Nationalbibliothek verzeichnet diese Publikation
in der Deutschen Nationalbibliografie; detaillierte bibliografische
Daten sind im Internet unter http://dnb.d-nb.de abrufbar.

Bildnachweis:
Alle Fotos inkl. Cover: © DOLFI – AMC S.r.l. – GmbH, Ortisei – St. Ulrich
(BZ), Italien · www.dolfi.com

Besuchen Sie uns im Internet:
www.st-benno.de

Gern informieren wir Sie unverbindlich und aktuell auch in unserem
Newsletter zum Verlagsprogramm, zu Neuerscheinungen und Aktionen.
Einfach anmelden unter www.vivat.de.

ISBN 978-3-7462-6623-7

© St. Benno Verlag GmbH, Leipzig
Gestaltung und Gesamtherstellung: Ufer Verlagsherstellung, Leipzig (A)

Inhalt

Überraschender Besuch

In Nazareth, der kleinen Stadt
Ein jeder seine Freuden hat
Und Sorgen auch, mal groß, mal klein
Und Ärger, Streit, auch das muss sein.

Maria, eins der jungen Mädchen
Ist kaum bekannt im kleinen Städtchen.
Sie ist recht still und schafft zufrieden,
Was man so tut als Frau hienieden.
Mit Josef will sie Hochzeit halten,
Die Zukunft bald mit ihm gestalten.
Sie freut sich schon, man sieht's ihr an –
Da tritt ins Haus ein fremder Mann.

Er ist ganz weiß und rein gekleidet,
Marias Aug' vor Schreck sich weitet:
Was will der Mann, wo kommt der her?
Er grüßet wie ein feiner Herr!
Grüßt mich wie eine reiche Frau!
Maria wird's im Magen flau.
Er sagt: „Gott selbst hat dich erwählt,
Sein Sohn erblickt das Licht der Welt
Und du wirst seine Mutter sein."
Maria sagt entschlossen: „Nein!
Wie soll das geh'n, wie sieht das aus,
Hab ich doch weder Mann noch Haus!
Bin nur verlobt mit Josef hier,
Der würde zweifeln schnell an mir!"

Der Bote aber spricht sogleich:
„Es geht! Bei Gott, in seinem Reich
Ist alles möglich, ganz gewiss!"
Marias Herz spürt einen Riss.
„Sein Schatten", fährt der Bote fort,
Ist über dir, an diesem Ort.
Du wirst bald seinen Sohn gebären,
Der Gott folgt, ihn allein wird ehren."
Sehr tapfer sagt Maria nun:
„Was Gott mir gibt, soll in mir ruh'n."
Der Bote geht, schon ist er fort;
Maria singt am gleichen Ort.

Maria war ein junges Mädchen
Und kaum bekannt im kleinen Städtchen,
Doch heute noch erzähl'n die Leute
Von Gottes Weg, schwer und voll Freude.

Marias Lied

Maria singt ein neues Lied.
Der Klang durch alle Gassen zieht.
Die Menschen dort in Nazareth,
Sie fallen förmlich aus dem Bett.
Denn was Maria jetzt besingt,
Als Sturm in alle Herzen dringt:

Ja, lobe du den Herren gern,
Zeig allen: Großes ist getan!
Gott ist den Menschen niemals fern,
Kommt heut in deiner Seele an,
Er ist's, den man „Gott hilft uns" nennt,
Der jedes Menschen Namen kennt.

Josefs Traum

Matthäus, der weiß zu berichten,
Wie Josef stand zu solch Geschichten.
Maria spricht zu ihm davon,
Dass in ihr wächst der Gottessohn.
Doch Josef ist das außerm Spaß,
Er überlegt bei sich nun: „Was?!
Ich bin ein ehrenwerter Mann!"
Und sieht Maria kritisch an.
Dann geht er weg und denkt bei sich:
„Behalt das alles noch für mich.
Ganz heimlich werd ich sie verlassen."
Doch irrt er ruhlos durch die Gassen,
„Die anderen erfahren schon,
ja, früh genug von Mirjams Sohn!"

Nun denkt der Josef still bei sich:
„Erst einmal schlafen leg ich mich.
So mag im Traum die Pflicht ich fassen,
Marien heimlich zu verlassen."

Da sieht er plötzlich vor sich Licht.
Ein Engel tritt heran und spricht:
„He, Josef, du, Herr Zimmermann!
Jetzt höre du mich erst mal an:
Das alles, was Maria sang,
Ist wörtlich wahr, ist Gottes Klang:
Dass Gott sie wirklich auserwählt,
Zu seinen Boten sie gezählt.
Sie wird gebären Gottes Sohn.
Na, komm, nun glaub ihr, bitte, schon!

Du kennst doch alle alten Lieder!
Sieh sie dir an und sing sie wieder.
Sie sagen von Immanuel,
Gott selbst kommt bald zu Israel!
So sangen früher die Propheten,
So singt Maria, hilf ihr beten!"

Als Josef wieder munter ist,
Da weiß er plötzlich ganz gewiss,
Was Gott in diesem Traum erzählt,
dass wirklich ER Maria wählt.
Und Josef eilt nun schnell nach Haus,
wirft Hühner, Enten, Ziegen raus:
„Macht Platz", sagt er, „den brauchen wir!
Maria wohnt ab heut bei mir."

Verheißung

Schon lange Zeit vor den Geschichten
Begann ein wicht'ger Mann zu dichten,
Zu singen von dem Herrn der Welt,
Der stets zu seinem Volk sich stellt,
Besonders zu den Schwachen, Kleinen,
Die sich als wertlos selbst beweinen:

Bethlehem, du kleinen Stadt,
Kein Atlas deinen Namen hat,
Kein großes Werk geht von dir aus,
Doch ist Gott selbst in dir zu Haus,
Denn aus dir kommt in diese Welt
Der Gottes-Sohn, ein fremder Held,
Kein starker, mächt'ger, harter Fürst,
Nein, einer, den du loben wirst,
Denn Frieden wächst, wo Er wird reden.
So freue dich und sag es jedem.

Vom Licht

Ein anderer, der kannte sich
Wohl sehr gut aus mit hellem Licht
Und mit der Angst in dunkler Nacht,
Die Großen, Kleinen Panik macht.
Er lauschte stets auf seinen Gott
Und sagte andren: „Weg der Trott!
Weg alles, was ihr immer tut!
Denn das bringt Gott doch nur in Wut.
Im Dunkeln habt ihr nichts als Furcht.
Ihr fragt: ‚Wie kommen wir da durch?'
Die Ängste lassen euch nicht los!
Doch hab ich für euch großen Trost:
Das Volk, das in der Nacht nur lebt,
Sieht, wie ein großes Licht erbebt.
Und alle, die im dunklen Land
Sehn vor sich wieder ihre Hand,
Sehn Weg und Steg und fallen nicht,
Denn Gott ist selbst ihr gutes Licht
Er wandelt nun mit ihnen allen,
Auch wenn sie nur Gebete lallen:
Sie werden Gott mit Namen nennen,
Gerecht und friedlich ihn erkennen.
Ein Herr, der keinen unterdrückt,
Ein Herr, der sich zum Kleinen bückt."

Josef und Maria

Auch Josef kannt' die alten Lieder,
Maria hörte sie wieder und wieder.
So sangen die beiden in diesen Tagen
das Lied, das Maria in sich getragen:

R: Ja, lobe du den Herren gern,
Zeig allen: Großes ist getan!
Gott ist den Menschen niemals fern,
Kommt heut in deiner Seele an,
Er ist's, den man „Gott hilft uns" nennt,
Der jedes Menschen Namen kennt.

Ein Besuch

Doch viele lachen, spotten, kichern:
„Wie will sie Josef denn versichern,
Dass er ihr glauben kann, ihr trauen,
Wie soll in seine Augen schauen
Maria, dieses dumme Kind!"
Kurz: Viele sagten nur: „Sie spinnt."

Drum eilt die Frau in diesen Tagen,
Ganz ohne andere zu fragen,
Schnell in die Berge, weit nur fort.
Sie meidet ihren Heimatort.
Sie weiß, dort oben, in den Bergen,
Gewissermaßen bei den Zwergen,
Elisabeth, ihre Verwandte,
Die alle ihre Sorgen kannte,
Der sie vertraute, lange schon,
Ihr kann sie sagen von dem Sohn.
Bei ihr, da weiß sie sich geborgen,
Elisabeth wird für sie sorgen.

Sie ist noch nicht zur Tür herein,
Da hört sie ihre Base schrein,
Nein, freudig ruft sie: „Oh, wer kommt:
Die Mutter, deren Kind uns frommt,
Das uns zum Heil wird bald geboren,
Wir wären ohne ihn verloren."

Maria ist etwas erstaunt.
Wer hat ihr das wohl zugeraunt,
Woher weiß sie von ihrem Kind,
Woher, dass Gott es auf sich nimmt,
In dieser Welt neu zu beginnen?
Was nahm sie wahr mit ihren Sinnen?

Da sagt die Freundin: „Mir ist vertraut,
Dass Gott selbst neue Brücken baut.
Ich kenn die Wunder auf der Erde,
Dass der ein Sohn geboren werde,
Die doch dafür unfähig galt,
Weil sie zu jung oder zu alt.
Mein' Sohn soll'n sie Johannes nennen
Und er scheint deinen schon zu kennen.
Er tanzte vor Freude tief in mir,
Als er dich spürte an der Tür.

8

Bei Elisabeth

Die beiden setzen sich vors Haus,
Zacharias schaut zum Fenster heraus.
Und Elisabeth beginnt zu erzählen:
„Gott wollte uns beide wohl erwählen.
Ich bin ja schon alt, keiner dachte mehr dran:
Ein Kind fängt in mir zu leben an.
Wir kennen auch den Namen schon,
Johannes wird heißen unser Sohn."
Zacharias sah beinah zornig aus,
Fast schien es, als stürme er wütend vors Haus.
„Du merkst es, Zacharias ist stumm,
Er kann nicht sprechen, das ist dumm.
Doch ist es Gottes eigner Wille,
Und der wirkt hier in aller Stille.
Du kamst – es hat in mir gesungen.
Und plötzlich ist mein Kind gesprungen.
In mir war echter Freudentanz:
Die Mutter des Herrn, welch herrlicher Glanz."

Gemeinsam mit Elisabeth

In dieser alten fernen Zeit
War man zu singen gern bereit.
Man sang am Morgen, man sang am Abend,
Und fand dieses Singen sehr erlabend.
Selbst die Gebete wurden gesungen.
Für alles, was man hatte errungen,
Gab es ein Lied, das selbst im Dunkel
Noch suchte nach des Lebens Gefunkel.
Maria war das Herz so voll,
Sie suchte nach Tönen in Dur und Moll,
Nach Worten, die ihrem Fühlen entsprachen
Und aus der Verwirrung heraus nun brachen.
Gott hat den Weg zur Hoffnung gezeigt.
Sie hatte das Leben noch nicht vergeigt.
So sang sie Elisabeth erst einmal vor,
Um dann zu singen mit ihr im Chor:

Auch wenn Gewalt zu siegen scheint,
Gott sieht auf jeden, der da weint,
Die Kleinen macht er groß und stark,
Sodass auch du heut Neues wagst.
Er lässt's in allen Herzen singen,
Lässt meine Seele fröhlich klingen:

R: Ja, lobe du den Herren gern,
Zeig allen: Großes ist getan!
Gott ist den Menschen niemals fern,
Kommt heut in deiner Seele an.
Er ist's, den man „Gott hilft uns" nennt,
Der jedes Menschen Namen kennt.

Rückkehr

Die Wochen vergingen wie im Flug.
Das Kind, das Maria in sich trug,
Es wuchs, wurde spürbar, jeden Tag mehr.
Und sie vermisste Josef nun sehr.
Elisabeth lebte in schweren Tagen,
Sie hatte viel mehr an Johannes zu tragen.
Es war an der Zeit, nach Hause zu geh'n.
Maria winkte – Auf Wiedersehn!
„Schalom", sagt Elisabeth, „geh du im Segen!
Behüte dich Gott auf allen deinen Wegen!"

Im Herzen Marias leuchtet ein Stern,
Das ist die Melodie vom Herrn.
Sie summt sie leis als liebstes Lied,
Das mit ihr durch die Berge zieht.

Elisabeths Sohn

Elisabeth hat ihren Sohn,
Ihr größter Traum nun bei ihr wohnt.
Das ist ihr allergrößtes Glück,
Weit liegen die trüben Tage zurück.
„Johannes", sagt sie, „soll er heißen,
Mögen sie sich die Mäuler zerreißen!"
„Das ist nicht Brauch, das kennen wir nicht!
Familienname – das ist Pflicht!"
Zacharias schreibt nun sichtbar für alle:
„Dies ist sein Name in jedem Falle!
Ich will den Namen Johannes haben,
So wahr ich hier werd' einst begraben!"
Die Leute des Dorfes staunten nicht schlecht,
Doch wenn er's so will, es ist ihnen recht.
Und Zacharias öffnet die Lippen,
Vielleicht nur, um am Glas zu nippen,
Da kommen nun wieder Laute und Worte,
Die sind von einer ganz neuen Sorte.

Das Lied des Zacharias

Maria gleich singt er ein Lied,
Des' Klang zu uns herüberzieht:

R.: Ja, lob du Gott, lob unsern Herrn,
Der zu uns kam vom Himmel fern,
Er hat von aller Not befreit,
Hält sich für unsre Last bereit.
Und wie er einstmals zu uns sprach,
So redet er heut unter diesem Dach.

Er rettet vor denen, die uns hassen,
Die uns verfolgen in allen Gassen!
Der Herr ist barmherzig, er meint es gut,
Auch wenn er viel im Verborg'nen tut.
Er lässt's in allen Herzen singen,
Lässt meine Seele fröhlich klingen:
R.

Und dich, mein Kind, die Menschen kennen,
Sie werden dich einen Propheten nennen.
Du wirst Gott selbst den Weg bereiten,
Du wirst dich in seinem Namen streiten.
Gott lässt's in allen Herzen singen,
Lässt meine Seele fröhlich klingen:
R.

Und alle, die noch ängstlich waren,
Sollen es endlich frei erfahren:
Gottes Weg ist ein Weg aus Frieden und Licht.
Und wer ihm folgt, der bereut es nicht.
Gott lässt's in allen Herzen singen,
Lässt meine Seele fröhlich klingen:
R.

Ein Reisebefehl

Doch wie das ist auf dieser Welt:
Es gibt kein Glück, das lange hält.
In Rom wurd' damals festgelegt,
Was gilt und was im Lande zählt.
Augustus fragte seine Leute:
„Wie viele folgen uns denn heute?"
Die Räte sahen ratlos aus,
Da jagt' Augustus sie vors Haus:
„Ihr zählt jetzt jeden, ist das klar,
Ob Mann, ob Frau, zählt jedes Haar,
Denn krieg ich denn auch wirklich Geld
Von jedem, der zum Meinen zählt?
Und jeder Mann soll dorthin gehen,
Wo seine Ahnenlisten stehen!"
Das war Befehl, das galt nun allen,
Nur wenigen hat das gefallen.

Auch Josef nahm nun seine Frau,
Die Haare wurden ihm ganz grau,
Denn es war nur noch wenig Zeit,
Bis hoffentlich das Kindlein schreit.
Bis dahin sollten beide wandern
Mit vielen, vielen, vielen andern,
Quer durch das Land nach Bethlehem,
Ganz nahe bei Jerusalem.

Reisende Sternsucher

Die Forschenden zu dieser Zeit,
Sie gaben acht und war'n bereit,
Das Neue, das Fremde zu erkunden,
Sie nutzten dazu die nächtlichen Stunden.
Und drei entdeckten einen Stern.
Sie sahen ihn erst ziemlich fern,
Dann näher und näher der Erde kommen.
Sie waren vor Staunen ganz benommen:
„Da muss etwas sein, ganz wichtig und groß,
Da müssen wir schauen, da ist etwas los."
Die Richtung war klar: durch Wüsten gen Westen.
Jetzt war es so weit, die Wege zu testen.
Und dann würde endlich das Große sich zeigen,
Sie waren bereit, ihre Köpfe zu neigen.

Unterwegs

Maria musste langsam geh'n,
Und ziemlich häufig blieb sie steh'n.
Sie konnte einfach nicht so schnell.
Doch war's in ihrem Herzen hell.
Ihr Kind, das Gott zum Vater hat,
Geboren in der Davidsstadt?!
War das zu schön, um wahr zu sein?
Sie weihte Josef freundlich ein:
„Das ist wohl Gottes weiser Weg,
Er führt uns über jeden Steg.
Du kennst ja das Prophetenwort:
Der Retter wird an jenem Ort,
Der uns zum Ziel gesetzt, geboren,
Zu retten all die, die waren verloren."

Die andern überholten sie.
Die beiden aber klagten nie.
Sie sahen vor sich Gottes Plan.
Wie das wohl wird? – Wir sehn's uns an.

Am Abend

Die Reise war weit, die Reise war schwer.
Wo nahmen sie bloß ihre Kräfte her?
Vielleicht, weil sie jeden Abend sangen,
Weil am Abend ihre Lieder klangen?
Maria und Josef sangen ihr Lied.
Und wenn du es kennst, so sing einfach mit:

Auch wenn Gewalt zu siegen scheint,
Gott sieht auf jeden, der da weint,
Die Kleinen macht er groß und stark,
Sodass auch du heut Neues wagst.
Er lässt's in allen Herzen singen,
Lässt meine Seele fröhlich klingen:

R: Ja, lobe du den Herren gern.
Zeig allen: Großes ist getan!
Gott ist den Menschen niemals fern,
Kommt heut in deiner Seele an,
Er ist's, den man „Gott hilft uns" nennt,
Der jedes Menschen Namen kennt.

Wer Hunger hat, dem sei nicht bang,
Wer ängstlich ist, warte nicht lang,
Wer niedrig war, wird Größe spüren,
Wer zweifelt, stolpert, sicher führen,
Er lässt's in allen Herzen singen,
Lässt meine Seele fröhlich klingen:
R.

Sie sangen und klatschten im Takt dazu,
Dann legten sie sich zufrieden zur Ruh.

Ungewollter Umweg

Jerusalem lag fast am Weg,
Die Weisen wählten einen Steg
Und zogen durch das Kidrontal.
Nun hatten sie die Qual der Wahl:
Vor ihnen lag, fast wie ein Blatt,
Jerusalem, die große Stadt,
Die Hauptstadt, der Regierungsort.
Wenn so ein Kind? Dann doch wohl dort,
An diesem reichen schönen Ort.
Die Stadt des Friedens, wussten sie,
Enttäuschte einen Sucher nie.
Geh'n wir zur Hauptstadt und zum König?
Für diesen Weg spricht gar nicht wenig!
Der Erste sagt: „Schaun wir uns an
Den König, der uns weisen kann,
Der seinen Sohn mit Freuden sieht,
Zu dem uns Gottes Stern hinzieht!"
Der Zweite sagt: „Nun lasst uns eilen
Und nicht mehr in dem Tal verweilen."
„Ich weiß nicht", meinte da der Dritte,
„Ist wirklich Gott dort in der Mitte?
In einer Stadt bei Reichen und Schönen,
die nur sich selbst, nie andre verwöhnen?
Der König des Friedens, verzeiht mir bitte,
der dient doch wohl einer anderen Sitte?"

„Ach, was du wieder für Unsinn schwätzt,
komm, los doch, eile, wir gehen jetzt."

In Bethlehem

In der berühmten Davidsstadt
Ein jeder so sein Häuschen hat.
Das dient nun vielen, die gekommen,
Um in die Liste aufgenommen,
Als Herberge und Ort der Speisen,
Bis sie wieder werden heimwärts reisen.
Das war ein Lärmen und Gedränge.
Und schnell verschluckt einen die Menge.
Die Kinder suchten die Verwandten.
Die Väter fragten nach Bekannten.
Die Wirte freuten sich auf Gäste.
Des Abends gab es große Feste.
Die Steuerbeamten freuten sich sehr.
Wer hier ankam, der brachte mehr:
Mehr Geld in des Staates stets leere Kassen,
Mehr Geld für die Reichen, es zu verprassen.
Und dazwischen schlichen leise die Diebe
Und wer sie entdeckte, der setzte Hiebe.

Als Josef das sah, sank ihm der Mut.
Maria ging es auch nicht gut.
Wo sollten sie hier einen Ort noch finden,
Den Ort, um das Kindlein zu entbinden?

Die Hirten auf dem Feld

Nicht weit entfernt, auf freiem Feld
Ein Hirte seine Wache hält.
Die andern schlafen tief und fest,
Wenn Wolf und Bär und Luchs sie lässt.
In Bethlehem, die Hirtenschar
War unbeliebt, das ist ja klar:
Ja, denk dir nur, wie sie gerochen,
Wenn sie aus ihrem Bett gekrochen,
Das auf dem bloßen Felde lag,
Wo's noch nicht mal 'ne Dusche gab.
Und ihre Witze waren roh,
Sie mochten das, es macht' sie froh.
Indes die andern dachten nur:
„Wie peinlich, so peinlich – geradezu pur!"
Sie mögen ihre Schafe pflegen
Und sich gerne ferne regen,
Doch bleibt doch, bitte, bitte fern
Den kleinen und den großen Herrn.

Der Hirte also hielt die Wacht,
Sei's heller Tag, sei's finstre Nacht.

Die Weisen

Die Weisen gehen schnell, sie eilen,
Sie wollen nirgends mehr verweilen,
Doch dauert es geraume Stunden,
Bis sie den Königshof gefunden.
Besucher, sei'n sie auch bescheiden,
Herodes mochte es nicht leiden,
Wenn ohne Datum und Termin
Sie einfach stehen so vor ihm.
Und doch ist's ihnen bald gelungen,
Sie hätten vor Freude beinah gesungen.
Indessen: Sie wussten, was sich gehört,
Und haben erst einmal Herodes verehrt:
Sie beugten die Knie, die Köpfe zur Erde,
Auf dass ihr Gruß gewürdigt werde.
„Herodes, großer, mächt'ger Mann,
Man sieht dir deine Stärke an.
Wir wollen deinem Sohn auch zeigen,
Wie gern wir uns vor ihm verneigen.
Ein Stern führt uns zu diesem Herrn,
Den alle Welt, den wir wolln ehrn,
Es muss ein großer König sein!"
Herodes denkt so bei sich: „Nein!"
Und ist dabei etwas verwirrt:
„Ihr habt euch sicherlich geirrt,
Denn hier ist heut kein Kind geboren!
Ihr habt viel Zeit damit verloren,
Zu suchen hier nach einem Kind,
Das aller Welt die Lasten nimmt."
Doch denkt er: „Das werd' ich verderben,

Wer will da meine Macht beerben?
Ein kleines Kind? Dass ich nicht lache!
Ich kläre schon die ganze Sache!"
Laut sagt er: „Wir woll'n Weise fragen.
Sie werden uns ganz sicher sagen,
An welchem Ort geboren wird
Der neue große Menschenhirt."
Die Räte fanden auf die Schnelle
Nur eine ganz besondre Stelle.
Dort stand: „In einer kleinen Stadt,
Die Bethlehem zum Namen hat,
Wird Gottes Friedensfürst geboren,
Der Retter allen, die verloren."
Herodes sagt dies zu den Weisen,
Die auf der Stelle weiterreisen:
„Wenn ihr zu diesem Kinde geht
Und an der richt'gen Stelle steht,
Dann sagt auch mir, was ihr gefunden.
Ich ehr' es in den nächsten Stunden."

Das Licht

Der Hirte schaute übers Land,
Die Weiden, die Wege war'n ihm bekannt.
Er träumte ein wenig vor sich hin.
Da kam etwas Neues ihm in den Sinn:
„War David nicht Hirte, genau wie wir?
Warum sind die and'ren gemein zu mir?
Ich bin doch auch nur einen von ihnen
Und möchte nur mein Geld verdienen,
will essen und trinken, will ..."

Da bricht ein gleißend heller Schein
In diese finst're Nacht hinein.
Erstarrt steht er da, es bebt die Erde:
„Steh auf, du Hirte, fröhlich werde!"

Er weckt die Kollegen, scheucht auf das Vieh.
Sie sahen alle so etwas noch nie.
Erschreckt und in Ängsten knien sie nieder,
Es zittern die klammen, die kalten Glieder.
Demütig sie sich zur Erde neigen,
Derweil die Engel vom Himmel steigen.
Unglaubliches hör'n sie in dieser Nacht,
Unglaubliches! Darum habet jetzt acht!

21

Der Stall

Josef bat Maria zu warten,
Er sähe noch Licht in jenem Garten.
Maria ruhte sich ein wenig aus.
Sie dachte: „Wir finden bald ein Haus."
Ihr Josef fragte laut: „Ihr Leute,
Wir brauchen einen Ort noch heute!
Was gibt es, wo wir sicher sind?
Schon bald wird geboren unser Kind!"
Doch keiner hat sie aufgenommen.
Sie sind nicht in ein Haus gekommen:

„Wir haben leider keinen Raum,
Kein Plätzchen frei, man glaubt es kaum."
„Zu viele wollen nachts hier schlafen."

„Legt euch doch einfach zu den Schafen!",
Rief eine Stimme ihnen zu,
„In meinem Stall kommt ihr zur Ruh!
Nehmt mit euch diese dicke Decke,
Dann habt ihr's warm in jener Ecke!"

Die Botschaft der Engel

Die Hirten sahen gar nicht auf,
Die Engel warteten nicht drauf.
Die Angst jedoch, die sah'n sie wohl,
Drum klang die Stimme etwas hohl.
Ein Hirte seufzte jämmerlich.
Der Engel aber räuspert' sich,
Dann sagte er ruhig: „Fürchtet euch nicht!
Ich bring euch diese Nacht ein Licht:
Den Herrn, den Gott für Israel,
Geboren ist Immanuel!
Geht, lauft, nach Bethlehem, ja rennt.
Das Kind, des' Name ihr nun kennt,
Liegt dort in einem kleinen Stall.
Ihr findet dort den Herrn des All'
In Windeln, arm, in einem Trog,
An den man sonst die Tier zog.
Dort in der Krippe liegt ein Kind.
Maria und Josef die Eltern sind."
Und plötzlich sangen Engelchöre:
„Gelobt sei Gott, allein ihm Ehre!"
Die Hirten rannten schnell davon,
Zu finden bald den Gottessohn.
Sie wussten plötzlich: Alles wird gut.
Gott selbst hält uns in seiner Hut.

Die Geburt

Und wirklich hat mitten in jener Nacht
Maria ihr Kind zur Welt gebracht,
Hat es in eine Krippe gelegt
Und hat es mit ihrer Liebe gepflegt.
Maria und Josef haben gesungen,
Der alte Stall hat von Glück geklungen.
Wir wissen es nicht: War'n sie allein?
Die Quellen könnten besser sein.

24

Es wird erzählt: Ochs, Esel und Rind,
Sie sangen gemeinsam für dieses Kind.
Und andere meinen, dass Engel gekommen
Und hätten das Kind in die Arme genommen.
Wir wissen es nicht, was wirklich geschah,
Wir sind ja so fern – doch im Herzen so nah.
Doch sicher ist: In stiller Nacht
Maria hat Jesus zur Welt gebracht.

Maria und die Hirten

Es war wohl mitten in der Nacht,
Da hörte Josef einen Krach.
Der kam von draußen her und klang
Nach einem, der um Worte rang.
Er öffnet die Tür nur einen Spalt,
Denn draußen ist es ziemlich kalt.
Da sieht er die Hirten, wie sie dort zittern,
Er sieht sie rütteln an den Gittern.
Er ruft die Hirten leise herein
Und bittet: Sie sollen nicht so schrei'n.
Das Kind sei gerade eingeschlafen,
Es ruhe da hinten bei den Schafen.
Da fangen die Hirten an leise zu singen.
Sie wollen ein kleines Ständchen bringen:

25

R: Ja, lobe du den Herren gern
Zeig allen: Großes ist getan!
Gott ist den Menschen niemals fern,
kommt heut in deiner Seele an,
er ist's, den man „Gott hilft uns" nennt,
der jedes Menschen Namen kennt.

Auch wenn Gewalt zu siegen scheint,
Gott sieht auf jeden, der da weint,
Die Kleinen macht er groß und stark,
So dass auch du heut Neues wagst.
Er lässt's in allen Herzen singen,
Lässt meine Seele fröhlich klingen:
R.

Wer Hunger hat, der sei nicht bang,
Wer ängstlich ist, warte nicht lang,
Wer niedrig war, wird Größe spüren,
Wer zweifelt, stolpert, sicher führen,
Er lässt's in allen Herzen singen,
lässt meine Seele fröhlich klingen:
R.

Wenn keiner dir zu Seite steht
Und keiner deinen Weg mitgeht,
Wenn niemand auf dein Weinen hört,
Wenn keinen deine Trauer stört,
Dann lass uns mit den Engeln ringen,
Lass deine Seele dennoch singen:
R.

Neuer Besuch beim Kind

Die Weise liefen schnell davon
Und fanden dann den Menschensohn.
Sie fanden Jesus in jenem Stall
Und jubelten laut mit frohem Schall.
Dann packten sie Geschenke aus:
Gold, Weihrauch, Myrrhe füllt' das Haus.
Sie lobten Gott mit großer Freude:
„Gott schenkt sein Heil für alle Leute,
Für Frau und Mann, für Groß und Klein,
Kein Mensch ist in der Welt allein,
Kein Mensch soll traurig ferne stehn,
Denn alle Menschen sollen sehn,
Dass Seine Liebe größer ist
Als alles, was man so vermisst,
Als alles, was uns schaden kann.
Wir stimmen darum fröhlich an.
Singt mit und traut auf allen Wegen
Des Himmels gutem, reichem Segen!"

Epilog

Die Hirten, die Könige sangen es leise.
Marias Lied ging auf große Reise.
Es wurde durch Höhen und Tiefen getragen,
Es wird gesungen bis zu unsern Tagen,

Wenn auch der Klang sich häufig verwandelt,
Wenn einer vielleicht manch' Wort verschandelt:
Ihr Lied klingt bis heute hinaus in die Welt;
Es ermutigt jeden, der sich zugesellt:

Das Lied der Maria

R.: Ja, lo - be du den Her - ren gern,
Der Herr ist kei - nem Men-schen fern,

zeig al - len: Gro - ßes ist ge - tan!
er kommt in un - sern Her - zen an.

Wie im - mer mir zu - mu - te ist:

Fine

Gott hört mein Be - ten ganz ge-wiss!

1. Auch wenn Ge-walt zu sie - gen scheint,
Gott sieht auf je - den, der da weint.

Die Klei - nen macht er groß und stark,
so - dass auch du heut Neu - es wagst.

Er lässt's in al - len Her - zen sin - gen,

lässt mei - ne See - le fröh - lich klin-gen.

2. Der Mutlose zögre nicht lang,
Dem Ängstlichen sei nicht mehr bang.
Wer niedrig war, wird Größe spür'n.
Wer zweifelte, wird sicher führ'n,
Er lässt's in allen Herzen singen,
Lässt meine Seele fröhlich klingen:
R.

3. Wenn keiner dir zu Seite steht
Und keiner deinen Weg mitgeht,
Wenn niemand auf dein Weinen hört,
Wenn keinen deine Trauer stört,
Dann lass uns mit den Engeln ringen,
Lass deine Seele dennoch singen:
R.

4. So stimm ich in das Lied mit ein:
Gott wird mich aus der Furcht befrei'n,
Er sieht auch mich in Liebe an,
Sodass ich neu beginnen kann,
Lässt wieder neu die Herzen klingen,
Lässt fröhlich meine Seele singen:
R.

Text: Bettine Reichelt, Musik: Jörg Lehmann
Beim Komponisten ist auch ein Chorsatz erhältlich.

Wir danken der Firma DOLFI – AMC S.r.l. – GmbH,
die uns freundlicherweise die Fotografien
für dieses Buch
zur Verfügung gestellt hat.

Die abgebildeten Figuren sowie der Krippenstall
gehören zur traditionellen Südtiroler Krippe „Raffaello",
hergestellt im Grödnertal in Südtirol.

Diese sowie weitere traditionelle und moderne Krippen, Weihnachtsfiguren und -dekoration, Kruzifixe, Marien-, Heiligen- und Engelfiguren, aber auch vielfältige andere hochwertige Produkte aus Holz – von Tierfiguren, Vogelhäuschen, Schlüsselanhänger, Spielzeugfiguren und Holzpuzzle bis hin zu Schachspielen, Sonnenbrillen, Armbanduhren und Schmuck – gibt es im **DOLFI-Shop**:
www.dolfi.com

Besuchen Sie auch das **DOLFI Land** in Runggaditsch (Runcadic) im Grödnertal in Südtirol zwischen St. Ulrich und Kastelruth.

Über die Autorin

Bettine Reichelt,
geb. 1967,
evangelische Theologin,
1997–2000 Pfarrerin,
2001 Gemeindepädagogin,
2003–2012 freie Autorin und Lektorin,
seit 2012 wieder als Pfarrerin tätig,
veröffentlicht Gedichte, Prosa, Krimis
und erfolgreiche spirituelle Bücher,
Mutter zweier Kinder.